Pauline-Od...
Professeur d'Éc...

Lucienne **SELLERI-DE COSTER** et Nicole **PACIFICO-LUINI**
Institutrices de Cours Préparatoire
Conseillères pédagogiques auprès des Écoles Normales

Paul **BONNEVIE**
Inspecteur Départemental de l'Éducation Nationale

Lecture en fête

MÉTHODE DE LECTURE

Livret 1

COMPOSITION DE LA MÉTHODE

● **Pour l'élève**
— Livret 1
— Livret 2
— Cahier à découper
— Cahiers d'exercices

● **Pour le maître**
— Livre du maître : guide pédagogique et activités jour par jour.

TABLE

Page 15 : PITCH, Photo Sester.

Page 20 : La mer, Paul Fort (*Ballades*, Flammarion).

Page 21 : Embouteillage, Jacques Charpentreau (*La Ville enchantée*, L'Ecole des Loisirs).

Page 35 : On peut bien dans le soir, Guillevic (*Terraqué/Exécutoire*, Gallimard).

Page 49 : Noël des ramasseurs de neige, Jacques Prévert (in *La Pluie et le beau temps*, Gallimard).

Pages 60-61 : Histoire d'un petit sapin, d'après Sara Cone-Bryant (*Comment raconter des histoires à nos enfants*, Tome 1, Fernand Nathan).

Pages 62-63 : Le Roi malheureux (d'après *Le Roi, la Reine et l'enfant*, Les Belles histoires de Pomme d'Api, in *Pomme d'Api* n° 75, Atelier-Livres B.P. Jeunes).

Pages 73-74 : Où est Minet ? (d'après *Le Collier de Minet*, in *Astrapi* n° 4, Atelier-Livres B.P. Jeunes).

Page 75 : Le poisson fa, Bobby Lapointe (Intersong).

Illustrations : Joëlle BOUCHER *et* Marc TIPHAINE

ISBN 2.01.008579.5

© **Hachette, 1983 - 79, Bd Saint-Germain - F 75006 Paris.**

La loi du 11 mars 1957 n'autorisant, aux termes des alinéas 2 et 3 de l'Article 41, d'une part, que les « copies ou reproductions strictement réservées à l'usage privé du copiste et non destinées à une utilisation collective », et, d'autre part, que les analyses et les courtes citations dans un but d'exemple et d'illustration, « toute représentation, ou reproduction intégrale, ou partielle, faite sans le consentement de l'auteur ou de ses ayants droit ou ayants cause, est illicite .» (Alinéa 1er de l'Article 40.)
Cette représentation ou reproduction, par quelque procédé que ce soit, constituerait donc une contrefaçon sanctionnée par les Articles 425 et suivants du Code Pénal.

PRÉSENTATION DE LA MÉTHODE

LIRE, c'est interpréter une suite de mots et de phrases, saisir le sens d'un texte.

Nous pensons qu'il ne faut pas renvoyer à une étape ultérieure, l'entraînement à la lecture authentique d'un texte, mais l'entreprendre dès le début du CP. L'école maternelle a déjà travaillé dans ce sens.
Cette méthode met donc l'accent sur *l'attitude et l'activité de lecteur* sans négliger pour autant *l'apprentissage nécessaire du code.*
Précisons ces deux aspects essentiels, en soulignant ce qu'ils ont de nouveau.

A) Les textes et l'entraînement à l'acte de lecture

Les textes, nombreux, sont de deux types :

1. Le texte de base est précédé d'un entretien oral sur le sujet, en relation avec la vie de la classe ou l'expérience personnelle des élèves. Il apporte des mots nouveaux — mots fréquents — et des structures de phrases intéressantes. Ce texte est observé (titre ; ponctuation et majuscules ; ordre du dialogue ou du récit) puis analysé, par niveaux (phrases ; groupes de mots). Les phrases fournissent la base d'exercices structuraux oraux et écrits. Les mots, fixés par le réemploi, par leur présence généralement dans les pages documentaires et par de nombreux exercices, serviront de références à l'étude des graphies.

2. Les textes de synthèse (« textes surprises ») utilisent les acquis de tous ordres. Ils sont gradués en longueur et en difficulté, variés et attrayants. Ils mettent en évidence les diverses fonctions de l'écrit (distraire ; informer — y compris en vue du jeu et de l'action) et utilisent divers supports (images séquentielles ; affiches ; lettres...). De nombreuses illustrations en facilitent l'accès.
Ces textes se prêtent à un entraînement méthodique, collectif, à l'acte de lecture : recherche et interprétation des indices significatifs ; hypothèses sur le sens et vérification ; anticipation et identification des mots nouveaux.
La lecture silencieuse joue son rôle, à côté de la lecture orale.

B) La découverte du code graphique, de ses éléments et des règles essentielles de leur combinaison

Cette étude repose sur la connaissance des phonèmes. Elle porte sur les correspondances et les distorsions entre les phonèmes et les graphèmes.
Il faut noter :

1. La progression du travail au 1er trimestre
La découverte des phonèmes, entreprise dès la rentrée scolaire, précède de plusieurs semaines l'étude des relations phonèmes-graphèmes. La discrimination de phonèmes voisins, leur situation dans des mots, l'épellation phonétique de mots courts, puis longs, ainsi que l'initiation à la syllabe orale, sont suffisamment importantes et nouvelles pour qu'on écarte, dans un premier temps, les transcriptions graphiques. On sait que la confusion des deux plans « oral/écrit » est à l'origine de nombreuses erreurs, en lecture et en orthographe.
Cette progression n'interdit pas d'accueillir les remarques spontanées des enfants au sujet des graphèmes, parfois dès les premiers textes, ou sur l'écrit environnant.

2. L'utilisation de véritables exercices phonologiques,
c'est-à-dire d'exercices d'opposition, précis et attrayants (voir livre du maître).
C'est en opposant, d'entrée de jeu, les phonèmes voisins (par exemple /p/ et /b/) qu'on découvre, à la fois, ce qui caractérise chacun de ces phonèmes et la nécessité de ne pas les confondre.

Un matériel d'images permet un contrôle individualisé des résultats ainsi que les révisions en cours d'année, le cas échéant. Quand on aborde le problème des graphies, on s'assure encore que le phonème étudié est bien perçu.

3. L'étude des graphies et les tableaux du livret

La découverte des graphies d'un phonème se fait avec la participation active des élèves, entraînés à écouter, à observer, à classer et analyser les mots des textes de base. Les tableaux du livret rassemblent leurs découvertes. Mieux qu'un mot clé, désormais insuffisant, ils mettent en évidence les positions que peut occuper une graphie (en début, fin ou intérieur de mot). Par exemple, la graphie - s - de [z] ne se rencontre pas en initiale. En finale, elle est suivie d'un - e - muet ce qui est le cas de nombreuses graphies consonantiques. Sans qu'une explication soit nécessaire, ces tableaux contribuent peu à peu à une meilleure pratique de l'orthographe phonétique.

4. La synthèse et les séries de mots

L'analyse des graphies conduit, sauf dans les premières leçons, à la lecture de mots nouveaux, combinaisons de graphèmes à partir de mots connus. Ces mots nouveaux sont groupés en séries. Leur parenté, outre la présence de la graphie étudiée, peut être due à :

— une identité de structure phonologique : mots courts contenant des phonèmes en opposition :

$$\begin{array}{ll} \text{la} & \text{dent} \quad [d\tilde{a}] \\ \text{le} & \text{vent} \quad [v\tilde{a}] \\ \text{elle} & \text{rend} \quad [r\tilde{a}] \end{array} \Bigg\downarrow \longrightarrow$$

— un rapport de forme et de sens : mots de la même famille *(la dent, le dentiste)* ; formes verbales *(il rend - rendu - rendre ; je joue - j'ai joué…)*.

La lecture de ces séries de mots entraîne à la discrimination visuelle, facilite la synthèse, familiarise les élèves avec le système graphique. La valeur de sens de certains graphèmes (lettres muettes ; terminaisons verbales) est mise en évidence, au bénéfice de la lecture et de l'orthographe.

C) La démarche générale

Elle procède « *par exercices alternés,* faisant progresser de front l'*accès au sens* (lecture des textes) et *la découverte des constituants de la langue* ». Elle associe non seulement la lecture et l'écriture mais aussi l'expression orale et l'expression écrite (celle-ci ne devant pas être sollicitée trop tôt).

Les liaisons avec l'histoire, les sciences sont possibles (voir les pages documentaires) de même qu'avec la poésie.

EN CONCLUSION

* Cette méthode permet d'éveiller et d'entretenir chez tous les enfants le **goût de lire.** Elle leur donne les moyens d'y parvenir.

* Elle assure une **préparation à l'orthographe** sous tous les aspects : lexical, phonétique, morphologique.

* Parce qu'elle entraîne à observer, écouter, comparer, classer, elle réalise une **formation de l'esprit** et elle conduit les élèves, progressivement, à une *autonomie devant les textes*.

Il appartient aux maîtres qui l'auront choisie de l'adapter à leur classe.

Mais on ne peut pas perdre de vue que l'essentiel, en lecture, est bien de développer chez les enfants l'envie de lire des écrits porteurs de sens, l'envie de les comprendre et de les utiliser à des fins personnelles.

LES AUTEURS

TABLE DES MATIERES ET PROGRESSION

Qu.	Textes de base	Des phonèmes aux graphèmes	Pages
1	Magali, Pierre et Olivier à l'école		6-9
2	En vacances		10
3	Pierre et la tortue		14
4	Dans la cour de l'école		22
5	Compote de pommes	[a] [i] [l] [R] [u] [t]	36 28-29 36 37 38
6	Le sapin de Noël	[s] [ã] [p] [y] [k]	40-41 39 50 51 52
7	La lettre	[o] [ɔ] [m] [wa] [d]	54 64 65 66
8	Qu'est-ce que c'est ?	[ɔ̃] [n] [e] [v] [b] [ɛ]	68 66 67 76 77 78 79

Les auteurs tiennent à remercier tout particulièrement Madame Suzanne AURIOL-BONNAFÉ, *institutrice de cours préparatoire, qui est à l'origine de cette méthode, et* Madame Agnès BONNEVIE *pour sa participation.*

« C'est Pierre ? »

« C'est Olivier ? » « C'est Magali ? »

« C'est l'école !
A l'école, j'ai joué avec Olivier. »

« C'est la grande école ? »

« C'est l'école ? »

« Je suis allé à l'école,

j'ai joué,

et j'ai dessiné. »

J'ai joué à l'école.
J'ai joué avec Magali à la grande école.
J'ai joué avec Olivier.

J'ai dessiné Olivier.
J'ai dessiné la grande école.
J'ai dessiné Pierre et Magali.

En vacances

« Je suis allé à la mer.
— Moi, j'ai marché dans la montagne avec papa et maman.
— Et moi, j'ai joué à la maison avec mes copains. »

Vacances à la mer

Vacances à la montagne

Vacances à la maison

Je suis allé à la mer.
Je suis allé à la montagne.
Je suis allé à la maison.
Je suis allé à la grande école.
Je suis allé à l'école
avec Olivier et Magali.

J'ai marché dans la montagne.
J'ai marché dans la maison.
J'ai marché avec mes copains.

A la mer, j'ai marché et j'ai joué.
A l'école, j'ai joué et j'ai dessiné.

Moi, je suis en vacances.
Moi, je suis à l'école.
Moi, je suis avec maman.

J'ai joué à la maison.
J'ai joué avec mes copains.
J'ai joué avec papa et maman.
J'ai joué avec Magali et Pierre.

Magali dit :
« Dimanche, j'ai joué à la maison
et j'ai dessiné. »

Olivier dit :
« Dimanche, mes copains sont allés à la mer.
Moi, je suis allé au marché avec papa
et j'ai joué avec maman. »

Pierre et la tortue

Dans le jardin, la petite tortue marche vers la salade.
Pierre dit :
« Elle n'avance pas vite !
Marche, petite tortue ! »

La tortue mange
de la salade.

La tortue rentre sa tête.

La tortue de mer

Elle nage
avec ses pattes.

La tortue marche vers la salade.
La tortue marche vers la maison.
La tortue marche vers Pierre.
La tortue marche dans le jardin.

La tortue avance.   Papa avance.
La petite tortue avance.   Pierre avance.
Maman avance.   Olivier avance vers la tortue.
Elle avance.   Il avance.

La tortue n'avance pas.
Elle n'avance pas vite.
Elle n'avance pas vite vers la salade.
Magali n'avance pas vite.

Olivier marche.
Olivier marche vite.
Pierre mange.
Pierre mange vite.

Olivier ne marche pas.
Olivier ne marche pas vite.
Pierre ne mange pas.
Pierre ne mange pas vite.

Vers — towards

C'est le petit jardin ?
C'est le petit marché ?

C'est la petite tortue ?
C'est la petite maison ?
C'est la petite école ?

C'est le grand jardin.
C'est le grand marché.

C'est la grande tortue.
C'est la grande maison.
C'est la grande école.

La tortue
n'avance pas vite.

Le lièvre
avance vite.

Le lièvre joue
avec ses copains.

La tortue arrive
avant le lièvre.

« C'est la maison
de mon copain ! »

Pierre marche, marche.
Il avance vite vers la maison.

« J'arrive, Olivier !
Je suis en vacances ! »

Dans le jardin

La tortue avance dans l'allée.
Magali marche vers elle.
La tortue rentre vite dans sa maison.

Vers l'école

Pierre marche vers l'école.
Son copain dit : « Vite ! Avance ! »
Pierre dit : « Non, je joue à la tortue,
je ne marche pas vite, avec ma maison sur le dos. »

A la mer

Magali nage avec sa maman.
La petite Magali
n'avance pas vite !
Olivier joue au ballon
avec ses copains.

La mer

La mer brille
Comme une coquille
On a envie de la pêcher
La mer est verte
La mer est grise
Elle est d'azur
Elle est d'argent et de dentelle.

PAUL FORT

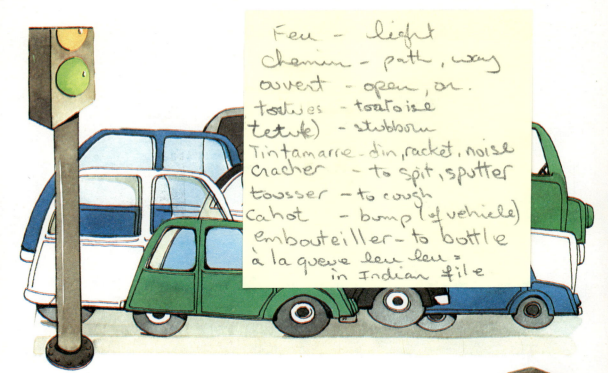

Embouteillage

Feu vert ! Feu vert ! Feu vert !
Le chemin est ouvert !
Tortues blanches, tortues grises, tortues noires,
Tortues têtues ! Tintamarre !
Les autos crachotent,
Toussotent, cahotent
Quatre centimètres,
Puis toutes s'arrêtent.
Feu rouge ! Feu rouge ! Feu rouge !
Pas une ne bouge !
....
Blanches, grises, vertes, bleues,
Tortues à la queue leu leu !...

JACQUES CHARPENTREAU

Dans la cour de l'école

Olivier dit :
« Magali, tu viens jouer à cache-cache ?
— Oui ! Je me cache.
— Moi aussi, crie Pierre...
J'y suis ! »
On joue bien dans la cour de l'école !

Dans la cour

On se cache.

On court.

On joue

à la marelle

aux billes

au ballon.

Dans la cour, les copains jouent bien.

Tu viens jouer, Magali ?
Viens jouer, Magali !

Tu viens vite, Olivier ?
Viens vite, Olivier !

Tu viens manger, maman ?
Viens manger, maman !

Tu viens nager avec moi ?
Viens nager avec moi !

Moi aussi, je cours vite.
Moi aussi, je nage vite.
Moi aussi, j'ai dessiné ma maison.

Maman tortue se cache dans le jardin.
Elle cache sa tête, elle cache ses pattes.
Elle est cachée dans la salade.

Magali crie dans le jardin.
Magali crie dans la maison.
Pierre crie dans la cour.

Ne crie pas, Olivier !
Ne crie pas, Magali !
Ne crie pas, Pierre !

Ne cours pas, Olivier !
Ne joue pas, Pierre !
Ne cache pas le ballon !

Je suis dans le jardin.
J'y suis.

Je suis allé au marché.
J'y suis allé.

Pierre court vite.   Il tombe.   Il a mal à la tête.   Il rentre à la maison.

Devinette

Je ne mange pas de salade.
Je me cache dans la maison.
Je joue à la balle avec mes pattes.
Je suis...

Les copains

Olivier rentre de l'école.
Il arrive devant la maison de Pierre, son copain.
Pierre lui crie :
« J'ai des billes. Tu viens jouer ?
— Oui, je le dis à maman
et je reviens.
— Va vite ! » dit Pierre.

La course

Dans la cour, les petits copains jouent.
Pierre avance vers Magali.
Il lui dit :
« On fait la course ? »
Pierre court aussi vite que Magali.
Il tombe.
Il crie.
Magali revient vers lui.
Elle lui dit :
« Tu as mal ?
— Non, mais je ne joue plus ! »

La marelle

Un, deux, trois
C'est moi et c'est toi
Quatre, cinq, six
Attention, tu glisses
Sept, huit, neuf
Un palet tout neuf
Dix, onze, douze
Tu sautes jusqu'au rouge.
Prends ta grande échelle
Pour aller au ciel.

Pierre fait une compote.

Il faut :

des pommes (lave-les)

du sucre en poudre

un peu d'eau

deux casseroles

un couteau

une cuillère

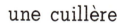

un moulin à légumes.

Compote de pommes

Coupe les pommes en deux
et encore en deux.
Enlève la peau.
Mets un peu d'eau dans une casserole.
Mets les pommes et un peu de sucre.
Fais cuire les pommes.
Passe les pommes au moulin à légumes.

Lave la salade.
Lave la casserole et le moulin.
Lave le couteau.
Lave-moi bien.

Mets de l'eau dans la casserole.
Je mets de l'eau dans la casserole.

Mets le sucre dans l'eau.
Je mets le sucre dans l'eau.

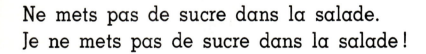

Ne mets pas la tortue sur le dos.
Je ne mets pas la tortue sur le dos !

Ne mets pas de sucre dans la salade.
Je ne mets pas de sucre dans la salade !

Fais vite !　　　　　　　　Je fais vite.
Fais la course avec lui !　　Je fais la course avec lui.
Fais cuire la salade !　　　Je fais cuire la salade.
Ne fais pas la tête !　　　　Je ne fais pas la tête !

Lave les pommes. Lave-les.
Coupe les pommes. Coupe-les.
Lave la salade. Lave-la.
Mets le sucre dans l'eau. Mets-le.

Il faut des pommes et du sucre.
Il faut un couteau et une casserole.

Il faut que j'arrive vite à la maison.
Il faut que je passe les pommes.

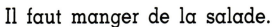

Il faut manger de la salade.
Il faut mettre de l'eau pour cuire les pommes.

Avant d'aller à l'école

Avant d'aller à l'école, Magali fait vite.
Elle se lève, elle se lave.
Sa maman fait chauffer le lait dans une casserole.
Magali met du sucre
et du chocolat en poudre dans sa tasse.
Elle mange du pain
et de la compote de pommes.
Elle court un peu et elle arrive à l'école.

La salade de fruits

Je lave les fruits
ou
j'enlève la peau.

Je les coupe.

Je mets
du sucre.

Je tourne bien
avec une cuillère.

Olivier a six ans

Olivier est avec ses amis.
Il a mis les tasses sur la table.
Olivier et ses copains
mangent des petits pains au chocolat.
« Encore un peu de lait ? » dit Olivier.
Magali lève vite sa tasse et ... elle la renverse.

Au marché

C'est mercredi.
« Lève-toi vite, Pierre ! dit maman.
Tu viens au marché avec moi. »
Dans les allées, Pierre suit sa maman.
Elle achète des pommes, de la salade,
des pommes de terre.
Maman marche vite.
Il faut qu'elle arrive avant mamie
qui vient à midi.

Devinette

J'avance dans le jardin comme une tortue
et j'ai ma maison sur le dos.
Qui suis-je ?

On peut bien dans le soir
Allumer la bougie
Et s'asseoir auprès d'elle
Sur la table posée
Pour le très grand plaisir
De regarder la flamme.

GUILLEVIC

👁 a		
👂 [a]	avec allé	salade jardin marche	la pas

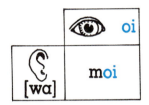

	👁 oi
👂 [wa]	moi

	👁 i		👁 y
👂 [i]	il	petite vite dessiné	aussi crie dit	j'y suis

	👁 l		👁 ll
👂 [l]	la lave les	moulin enlève salade	mal école	allé	elle

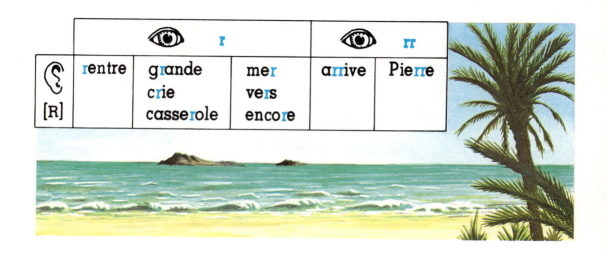

	👁 r			👁 rr	
👂 [R]	rentre	grande crie casserole	mer vers encore	arrive	Pierre

		👁 ou	
👂 [u]		cour coupe poudre	joue

elle joue   la cour
la joue   il court
la roue   c'est court
le loup   c'est lourd

il joue — le jour   la roue — elle roule
     la cour — le cou
       il coupe

[t]	t			tt
	tortue	tortue	petite	patte
	tu	montagne	vite	
		couteau		

tu viens
c'est ta maman
un tas
avec toi — de la toile
le toit de la maison
c'est tout

une patte de tortue tout — toute
la pâte à tarte il est petit — elle est petite
il rate son dessin il est cuit — elle est cuite
une route il est court — elle est courte
toute la compote

[s]	👁 s			👁 ss	
	sapin sucre suis		course	dessiné aussi casserole	passe

[s]	👁 c			👁 ç
	c'est cette	décembre	avance vacances	garçon

je suis là
   sa maman — c'est sale — la salle à manger
   sous le toit — la souris — il sourit — dessous
   si tu viens
de la soie
   j'ai su lire — du sucre

                                         il se cache
                                         elle se passe de moi

  elle passe vite
   une tasse de chocolat
Pierre tousse   je passe la compote
   elle tisse sa toile   je pousse un cri

un sapin une boule rouge une boule verte une guirlande une étoile

Pierre arrive avec un petit sapin.

Des guirlandes !
Des boules rouges, vertes !
Une étoile dorée !

Magali met une boule verte.

Pierre met l'étoile dorée,
tout en haut.

Le sapin de Noël

Qu'il est beau, le sapin de Noël !
« J'aime bien cette boule rouge, dit Olivier.
J'aime aussi l'étoile dorée, tout en haut du sapin.
Comme elle brille !
Que c'est beau ! » dit encore Olivier.

Qu'il est beau, le sapin de Noël !

Qu'il est petit, ce sapin !
Qu'elle est petite,
cette cour !
Que c'est petit !

Qu'il est grand, ce jardin !
Qu'elle est grande,
cette école !
Que c'est grand !

J'aime bien cette boule.
J'aime bien ce sapin.
J'aime la compote.

J'aime aussi l'étoile dorée.
J'aime aussi le moulin.
J'aime aussi le chocolat.

Pierre aime la compote et le chocolat.

La maison est en haut de la montagne.
Le moulin n'est pas en haut de la montagne.

L'étoile est tout en haut du sapin.
La boule verte n'est pas tout en haut du sapin

Le sapin est haut.
La maison est haute.
C'est haut, une montagne !

L'étoile brille. Comme elle brille !
Il fait beau. Comme il fait beau !
C'est haut. Comme c'est haut !
Magali est grande. Comme Magali est grande !

Pierre marche comme une tortue.
Le moulin est grand comme une maison.
Olivier est haut comme une pomme.

Fête de Noël

A l'école de Magali, on fête Noël.
Les petits dansent autour du sapin.
Olivier dit à Pierre qu'il aime bien faire la fête.
On mange des petits pains au chocolat.
Tous les copains crient :
« Bon Noël ! Bonnes vacances ! »

Où est la boule ?

Olivier et Magali jouent dans le jardin.
Olivier dit :
« Je cache cette boule. Toi, tu dis où elle est. »
Il cache la boule...
« J'y suis ! »
Magali arrive.
« Elle est vers la salade ?
— Non.
— Elle est sous cette pierre ?
— Non.
— Elle est sous le sapin ?
— Oui. Bravo ! »

CATALOGUE DE JOUETS

Auto de course téléguidée, jaune ou rouge.
Elle avance, tourne, recule.
Marche avec 2 piles.
Prix : 56 F.

Petit téléphone qui sonne.
Boîte de trois jetons.
Prix : 53 F.

Tableau pour écrire et pour dessiner.
Prix : 110 F.

Je marche, je chante, je parle.

Grande poupée.
Robe rouge ou verte.
Marche avec une pile.
Prix : 61 F

Le rêve d'Olivier

C'est mercredi. Olivier rêve.
Il est à la maison.
Le téléphone sonne.

« Allo ?
— C'est le père Noël au téléphone.
Tu veux jouer avec moi ?
Alors, va dans la cour.
Un message y est caché.
Fais vite ! »

Olivier arrive dans la cour.
Il trouve ce message :

> **MESSAGE 1**
> Marche vers la grande pierre.
> Tu trouveras le message 2.

Olivier va vers la grande pierre.
Il trouve ce message :

> **MESSAGE 2**
> Va dans la maison.
> Trouve le moulin à légumes.
> Mets-le par terre.

Olivier a trouvé le message 2.
Il met le moulin à légumes par terre.
Le moulin avance. De plus en plus vite,
comme une auto de course téléguidée.

Il passe sous le tableau.
Il tourne autour de la poupée, qui dit :
« Arrête-toi ! »

Le moulin s'arrête devant une grande boîte.
Olivier trouve dedans une étoile en chocolat
et une petite auto rouge qui brille.

Noël des ramasseurs de neige

C'est Noël
Noël qu'il faut fêter
Fêtons, fêtons Noël
Ça se fait chaque année
Ohé la vie est belle
Ohé joyeux Noël
Mais v'là la neige qui tombe
Qui tombe de tout en haut
Elle va se faire mal
En tombant de si haut
Ohé ohéého !

JACQUES PRÉVERT

	👁 an		👁 en	
👂 [ã]	m**an**ge av**an**ce gr**an**de	mam**an** d**an**s	**en** **en**lève **en**core	r**en**tre

	👁 em	
👂 [ã]	nov**em**bre déc**em**bre	

dans la cour — dedans — elle danse
j'ai tant joué
je suis en rang
du sang
sans toi
il est grand — elle est grande

en haut
il rend le ballon
il tend — elle entend
il est lent — elle est lente
elle sent — sentir
j'en ai cent

c'est vendredi
à vendre
elle vend des pommes
du vent

	👁 p		👁 pp
👂 [p]	poupée parle petite	poupée sapin copain	appelle
		coupe	

un pas — il passe — la patte   le sapin — le pin
un pou — la poule — je pousse   un copain — du pain
   pan !
  il pend — pendant
une pie — une pile — la pipe   je coupe la pomme
un petit pois — une poire   de la soupe
                             une loupe

il parle   —   par ici
           il part   —   partir
   c'est pour moi
       pur sucre

	👁 u		
👂 [y]	une	sucre	tu du tortue

  tu   j'ai su   je suis
 la rue   j'ai lu   c'est lui
j'ai lu   j'ai pu   puis
j'ai pu lire   —   une puce   une cure   cuire

		c		qu	
[k]	cache comme crie	école encore sucre	avec	qu'il que qui	

la cour
je cours — la course
il court
le car

elle se cache
elle se couche

il se cache
il se casse

elle se coupe
l'eau coule
le cou

il crie
un cri — écrire — il écrit
c'est cru
je te crois

avec moi
c'est sec
un sac
tic ! tac !
un lac

que dis-tu ?
qui suis-je ?
quoi ? pourquoi ?
quand ?
quelle tortue ? c'est laquelle ?
quel copain ? c'est lequel ?

quatre (4)
quatorze (14)
quinze (15)

je pique
les vacances de Pâques
de la laque

tr   trois pommes      tra la la !
dr   c'est droit   un drap de lit

tre   quatre sapins   rentre !   
dre   un cadre   à rendre

pr   une prise   une prune   la mer est proche
br   il se brise   une brune   une broche

       il prend le car   il apprend à lire   il comprend tout

       la boule brille   le bois brûle   j'ai mal au bras

pre   c'est propre
bre   un arbre   
        il est libre   septembre
                                                octobre
                                               novembre
                                               décembre

pl   un plan de la classe   un plat   des plis   un parapluie
bl   c'est blanc

ple   c'est souple   un couple   
ble   une table   un cartable   du sable

Les enfants de la classe
de Madame Lelièvre
C.P. École du Moulin
75012 Paris

Chers petits amis

Je vous souhaite une bonne année. J'ai passé Noël chez mes grands-parents.
J'ai eu une auto téléguidée et un tableau pour écrire.
Je ne suis pas rentré à la maison dimanche. La neige était tombée toute la nuit et la route était coupée.
Si tout va bien, on mangera la galette des rois ensemble.
J'ai déjà fait la couronne.

A bientôt

Dominique

Je fais une couronne de roi ou de reine.

Il faut:

du papier blanc ou doré

des feutres

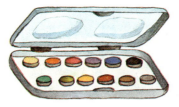

de la peinture

des ciseaux

une agrafeuse

de la colle

1/ Coupe une bande de papier.
2/ Regarde si tu peux la mettre autour de la tête.
3/ Découpe-la et décore-la.

4/ Agrafe les deux bouts.
5/ Mets la couronne sur ta tête.

Bravo ! Tu es un très beau roi, ou une très belle reine.

La neige était tombée.
La route était coupée.
Pierre était rentré chez lui.
La fête était passée.

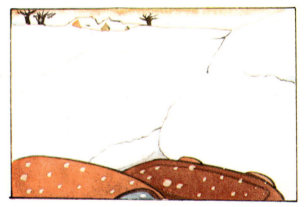

Maman achète le pain.   Elle achètera le pain, dimanche.
La tortue arrive.   Elle arrivera avant le lièvre.
Magali dessine.   Elle dessinera une maison.
Olivier mange une pomme.   Il mangera aussi du chocolat.

Chers amis...
Chers copains...

    Mon cher Pierre...
    Mes chers parents...

Si tout va bien,
s'il fait beau,
si la neige ne tombe plus,
si l'auto peut passer sur la route,
je serai à l'école lundi !

J'ai passé Noël chez mes grands-parents.
Pierre va chez son ami.
Je suis chez moi le dimanche.
Magali est revenue chez ses parents.

Je vous souhaite une bonne année.
Je te souhaite une bonne fête.
Pierre souhaite un bon dimanche à Magali.
Je souhaite que maman achète un pain au chocolat.
Olivier souhaite aller en vacances à la montagne.

J'ai eu une auto téléguidée.
J'ai eu un sapin tout vert.
J'ai eu un ballon tout rouge.
Pierre a eu un moulin en chocolat.

Jeux d'hiver

Brr ! Il fait froid ! Cette nuit, la neige est tombée :
tout est blanc.
Vite, Pierre met son anorak pour aller jouer dans la neige.
Avec ses copains, il fait un grand bonhomme de neige.
Il lui met un chapeau sur la tête. Magali s'est cachée.
Elle lance une boule de neige sur le bonhomme...
qui perd son chapeau !

Devinette

Elle est ronde comme une roue mais elle ne roule pas !
Elle est sucrée. Elle sent très bon.
Dans sa pâte, on cache des fèves.
Celui qui les trouve sera roi ou reine.
C'est... ?

On fête les rois chez Nicolas

Trois heures sonnent.
Franck, Carine et Nathalie arrivent chez Nicolas,
avec une grande boîte.
Vite, Nicolas regarde ce qu'il y a dedans.
Il trouve des petites tortues, des petites poupées,
des petites autos en chocolat.

Dans le jardin, ils jouent au ballon, à cache-cache,
à la poupée, à la marelle.
Ensuite, ils rentrent à la maison.
Ils boivent de l'eau et du sirop.
Nicolas prend le couteau et coupe la galette dorée.
On mange la galette. Que c'est bon !
Qui sera le roi ? Qui sera la reine ?

Histoire d'un petit sapin

C'est un petit sapin qui vit en haut de la montagne.
L'hiver, la montagne a mis son manteau blanc.
La neige brille sur les sapins.
Les étoiles brillent aussi, la nuit.
C'est très beau !
Mais un jour, plus de neige !

Le petit sapin se dit :
« Je n'ai plus mon manteau de neige.
Je ne suis plus beau du tout. Que faire ? »
Il entend une voix qui dit :
« Fais un souhait !
— Je souhaite, dit-il, avoir un manteau
qui brille toujours. »

Le petit sapin
est recouvert d'or.

Mais un voleur
passe.

Et voilà le sapin
tout nu !

Vite, il fait encore un souhait :
« J'aimerais un manteau de verre.
Le verre brille, aussi ! »

Le sapin
est tout en verre.

Mais le vent
souffle.

Et...

Le roi qui était malheureux

Il était une fois une reine et un roi malheureux.
Le roi tournait en rond dans son jardin, toute l'année.
Un jour, le lièvre lui dit :
« Ça ne va pas ?
— Non, dit le roi, ça ne va pas du tout,
parce que je n'ai pas d'enfant.
— Viens, on va voir la tortue,
elle nous donnera une idée. »

Le roi suit le lièvre, qui court vite.
Le roi crie : « Hé, ne va pas si vite ! Arrête-toi un peu. »
Ils arrivent chez la tortue. Elle leur dit :
« Que se passe-t-il ?
— Le roi est malheureux. Il souhaite avoir un enfant.
— Roi, viens avec moi à la maison jaune,
tout au fond de ton grand jardin. »

Le roi marche à grands pas.
La tortue suit le roi, qui avance vite.
La tortue lui crie : « Hé, pas si vite ! Arrête-toi un peu. »
　　　Ils marchent, ils marchent.
　　　Ils arrivent devant la maison jaune.
　　　Ils entrent.
Il y a là des enfants sans papa ni maman,
qui jouent, qui crient. La tortue dit au roi :
« Aimes-tu jouer avec les enfants ? »
D'abord, le roi joue au ballon. Après, il joue à la marelle.
Ensuite, il joue à cache-cache.
Puis il chante, il mange avec les enfants,
il joue encore un peu.
Bientôt, une petite fille lui dit :
« Je souhaite que tu m'aimes ! »
Alors, le roi n'est plus malheureux.
Il lui dit : « Si tu veux, tu seras ma fille. »
Ils rentrent vite tous les deux au château,
où la reine les attend.

	👁 o	👁 au	👁 eau
👂 [o]	bravo auto	aussi auto haut	eau	tableau couteau
			il faut	

un pot — le capot
un sot
c'est tôt
une auto

il est haut — elle est haute
il faut lire
c'est faux — elle est fausse
un saut — il saute

c'est beau
de l'eau
un seau d'eau
la peau

un couteau
un manteau
un râteau

qu'il est sot !
Pierre fait un saut
un seau d'eau

	👁 o
👂 [ɔ]	or	tortue comme bonne

comme moi
une pomme
la somme
un homme

la tortue
j'ai tort
le port — la porte
il sort — la sortie
elle mord — il a mordu
de l'or

de la colle   le col
elle est molle   le sol

je porte
il apporte
il emporte

64

	👁 m			👁 mm
👂 [m]	maison moi montagne	dimanche ami	aime légume		pomme comme

la montagne
   mon copain
 c'est mou — de la mousse
do, ré, mi... — un ami
   il a mis un manteau
    il ment — mentir
    un mot — un moment
     je me cache
       mes amis
 elle met du sucre

comme moi
comment ?

	👁 oi	
👂 [wa]	étoile boîte avoir	moi roi trois

moi, je lis
 le mois de mai
c'est toi — la toile — une étoile
   le toit de la maison
 de la soie
    quoi ? pourquoi ?

		👁 d	
👂 [d]	dans doré du	jardin poudre	salade grande

je dis : « oui ! »
  du pain
 mon dos
   des tortues
 il est doux — elle est douce
   dans — dedans
  ma dent — un dentiste

  il est grand — elle est grande
  il est rond   — elle est ronde

 il rend son dessin — il faut qu'il le rende
elle entend tout   — il faut qu'elle entende

		👁 on		👁 om	
👂 [ɔ̃]	on	montagne ronde	maison ballon rond	compote tombé	

c'est rond — une ronde — un marron
   ton papa — un mouton — partons vite !
    son ami
c'est long — un salon — parlons bien !
 un pont
oui ! non ! — un ânon — un canon

      je tombe   un nombre
             à l'ombre

		👁 n		👁 nn	
👂 [n]	neige Noël nuit	devinette animal	une téléphone jaune	année donnera	bonne

oui ? non ! — le canon
le nom — le prénom
c'est nous
nos amis — le canot
le nid — Nice
il est nu — le menu
il est né

une noix
la nuit — minuit

une devinette
l' âne   un platane   Carine   bonne nuit
la banane   ma narine   elle sonne minuit
la cabane   il donne un jouet

une bonne année   deux années   Pierre est étonné
c'est bon !   deux ans   ton papa

Qu'est-ce que c'est ?

« Qu'est-ce qu'il y a sur la table ? demande Olivier.
Est-ce que c'est un jouet ?
— Non, devine.
— C'est peut-être un animal ?
— Oui.
— Est-ce qu'il vole ?
— Non !
— Il vit dans la montagne ?
— Non !
— Il vit dans l'eau ?
— Oui !
— Est-ce qu'il fait des bulles ?
— Oui !
— Il a des nageoires ?
— Oui !
— J'ai trouvé : c'est un poisson ! »

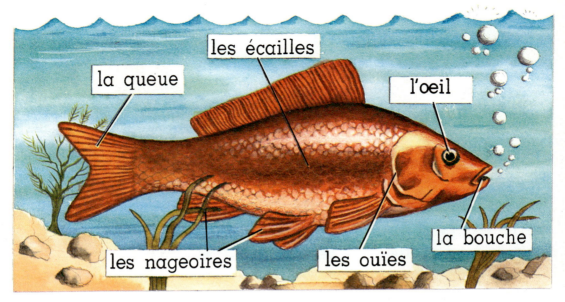

Le poisson fait des bulles.

Si tu veux élever un poisson rouge, il faut :

un aquarium

des plantes qui vivent dans l'eau

des pierres

du sable

Le poisson rouge a besoin d'une eau claire.
Il faut la changer deux fois par semaine
et laver l'aquarium.
Le poisson rouge mange, une fois par jour,
des puces d'eau séchées.

Est-ce que c'est un jouet ?
Est-ce que c'est un animal ?
Est-ce que c'est du chocolat ?

C'est peut-être un animal.
C'est peut-être un copain.
C'est peut-être un ami.
Pierre est peut-être chez lui.
Magali a peut-être mangé tout le chocolat !

Est-ce qu'il vole ?   Est-ce qu'il a des ailes ?
Est-ce qu'il marche ?   Est-ce qu'il a des pattes ?
Est-ce qu'il nage ?   Est-ce qu'il a des nageoires ?
Est-ce qu'il roule ?   Est-ce qu'il a des roues ?

Il vit dans l'eau ?
Il vit sur la montagne ?
Il vit tout en haut des sapins ?
Carole vit chez ses parents ?
Paul vit avec ses amis ?

J'ai trouvé !
J'ai trouvé la devinette.
J'ai trouvé ce que c'est.
Pierre a trouvé ce que j'ai caché.
Magali a trouvé ce qu'elle aimait.

Le chat et le poisson

Le poisson rouge nage dans le bocal.

Un chat arrive.

Il saute sur la table.

Il met ses pattes sur le bocal.

Il trempe une patte dans l'eau.

Mais maman pousse la porte.
Vite! Le chat se sauve.

Devinette

C'est un animal mais il n'a pas de pattes.
Il vit dans la mer mais ce n'est pas un poisson.
Il a cinq branches.
Qu'est-ce que c'est ?

Les vacances du poisson rouge

C'est bientôt les vacances. Papa dit :
« Que va-t-on faire du poisson rouge ?
Je ne peux pas le mettre dans l'auto ! »
Olivier demande à madame Leroi
si elle veut bien le garder.
« Je ne peux pas ; moi aussi, je pars en vacances. »
Alors, Olivier va voir madame Lapierre.
« Oh, non ! Je n'aime pas les poissons rouges. »
Olivier téléphone à son copain Rémi.
« Oui, ça tombe bien. Je ne pars pas.
Mais tu garderas un peu ma tortue
aux grandes vacances. »

Où est Minet ?

Dans la boulangerie, madame Lapierre dit à Sandrine :
« Tu n'as pas vu Minet ?
— Non ! Il est sûrement au jardin.
J'y vais... Minet ! MI... NET ! MINET ! »
Rien ne remue.
« Ça alors, Minet n'est pas là ! » dit Sandrine qui revient.
Le soir arrive. Toujours pas de Minet !

Le lendemain, madame Lapierre trouve ce message
dans sa boîte à lettres :

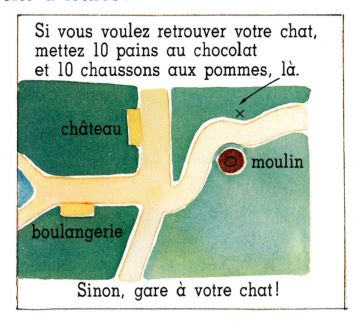

Madame Lapierre est affolée.
Elle raconte ce qui se passe à Monsieur le Maire.
Monsieur le Maire va voir monsieur Lelièvre,
l'instituteur.
Monsieur Lelièvre lui dit qu'il a vu une griffure
sur le bras d'Olivier.
Monsieur le Maire répond :
« Le papa d'Olivier a une cabane dans un jardin,
derrière le moulin. Allons voir ! »
Monsieur Lelièvre ouvre la porte de la cabane.
Il voit Alain, le grand frère d'Olivier,
qui donne à manger à un chat,
pas malheureux du tout.

Minet est rentré chez madame Lapierre.
Mais chaque fois qu'il voit Olivier ou Alain,
il vient ronronner près d'eux.

Madame Lapierre a donné à chaque enfant
un pain au chocolat et un chausson aux pommes.

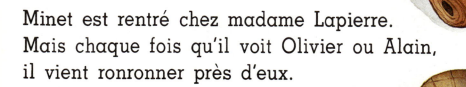

Le poisson fa

Il était une fois
Un poisson fa.
Il aurait pu être poisson scie,
Ou raie,
Ou sole,
Ou tout simplement poisson d'eau
Ou même un poisson un peu là,
Non, non, il était poisson fa :
Un poisson fa,
Voilà.

        BOBBY LAPOINTE

[e]	é			ez	er
	étoile	téléphone	doré	chez	jouer
	écrire	découpe	poupée		aller
	école	légume	année		olivier

il a joué avec moi   il faut jouer ici
je suis allé à la maison il faut y aller
elle a marché dans la classe   tu vas marcher
la tortue a mangé la salade   Pierre ira manger
tu as passé les pommes   il doit passer ici

je joue   — j'ai joué   chez nous
il dessine   — il a dessiné   parlez
elle téléphone — elle a téléphoné   partez
on demande   — on a demandé   courez
il se cache   — il s'est caché   écrivez
                                       répondez

mes amis
des dessins
ses poupées
tes gâteaux
les poules

		👁 **v**	
👂 [v]	**v**ite **v**a **v**ole	a**v**ec a**v**ance	arri**v**e la**v**e enlè**v**e

il va bien
il vit dans l'eau — vite ! — la ville
la vie de la tortue — j'ai envie de lire
   vous jouez ?
où vont-ils ? — du savon — nous avons bu
le vent — souvent — le ventre
il vend — c'est vendu — à vendre
un veau
   vos amis

la lèvre   tu vois — la voile
il enlève la peau   un livre   ma voix
Magali se lève   vivre
elle se lave
la cave
la poule couve

	👁 b	
👂 [b]	boule bien brille	table décembre octobre	tombe robe

j'ai bu — le début
il est bas — elle est basse
la boue — le bouton
le bout du nez — debout !
il est beau — la beauté
un banc
c'est bon — un bonbon — bonjour ! — bonsoir !

une bosse   une barre
des bottes   un bar
un bol   le bord

je bois — boire   il aboie — une boîte
du bois   un habit — j'habite ici

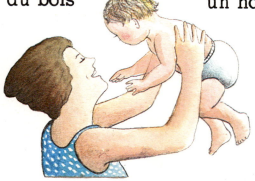

le beau bébé !   le bon baba !